Heike Burmester

C000133287

Leben

Deine Kraftquellen

Die nachfolgenden Fotografien und Texte sind in allen Teilen urheberrechtlich geschützt. Jede Verwertung aller Art ist ohne die Zustimmung des Verfassers unzulässig. Das gilt insbesondere für Verkauf, Vervielfältigungen, Übersetzungen, Mikroverfilmungen und die Einspeicherung in und Verarbeitung durch elektronische Systeme.

Texte und Fotografie © 2021 Heike Burmester, mcb-Edition
ISBN: 9798491285815

Heike Burmester
arbeitet seit dem Jahr 2010 als Mental- und Hypnosecoach sowie als Trainerin für Persönlichkeitsentwicklung.

Sie liebt die Küste und gewinnt ihre Energie aus der Sicht auf die Weite des Wattenmeeres, aus der Sonne und dem Wind.

Stimmungen fängt sie mit der Kamera ein und setzt diese Bilder zur Fokussierung auf ´das Sein´ in die schwarz-weiß-Fotografie um. Hierzu verbindet sie diese Impressionen mit kraftspendenden Kurztexten zur Motivation und Anregung zur Veränderung von Sichtweisen.

"Denn das ist eben die Eigenschaft der wahren Aufmerksamkeit, dass sie im Augenblick das Nichts zu Allem macht."
Johann Wolfgang von Goethe

www.mentalcoaching-burmester.de
www.alldayscoaching.de

Eigene Wege gehen
und scheinen sie noch so absurd.
Du wirst die Sicherheit finden,
die kein Mensch empfinden wird.

Kein Mensch ist da,
der dich dabei stört,
der deine Worte hört,
der um deine Gedanken weiß.

Nur du auf deinem Weg.

Wenn Wolken dich bedrohen
betrachte sie als Geschenk.
Sie lassen dich nach oben sehen und innehalten,
dich selbst zu fragen,
wie willst du dem Sturm standhalten.

Wirst dir bewusst über Flucht und Macht,
das Geschehene zu akzeptieren
und den Wolken beim Ziehen zuzusehen.

Egal, wie du dabei stehst und was du dabei tust,
du spürst die Kraft, die dich treibt zum Handeln
und Sturm in deine Energie zu wandeln.

Wenn das Geschehen dich in seine Macht
gezogen hat, finde deinen Platz,
den du wechseln kannst,
wie es dir beliebt.

Er bleibt für dich ein fester Pol.
In deiner Entscheidung,
für dein Wohl.

Scheinbar gleich mit anderen
sind sie am selben Platz.

Die einen funkeln,
die anderen sind matt.

Sich ihrer Einzigartigkeit jedoch nicht bewusst,
doch du kennst die Wahl der Sicht auf dich.

Du bist schön und klar und wunderbar.

Der Vorteil der Kleinen
ist ihre Wendigkeit.

Die Pflege deiner Lebenssegel besteht aus
Vertrauen, Zuversicht und einem guten Team.

Himmel oder Hölle?

Die Antwort liegt in der Bewertung.

Im Nebel blind zu folgen
heißt,
Vertrauen in sich selbst!

Einheit beweist sich im Zusammenstehen!

Du kannst nicht alles bewegen.

Aber du kannst dich bewegen
und wirst zu der Veränderung,
die du dir wünschst.

Versuche nicht durch Wände zu fliegen.
Wände sind deine Grenzen, sie beschützen dich.

Erkunde sie und wiege dich in ihrer Sicherheit.

Nicht zerstörte Flügel zeigen dir deine Freiheit,
es ist dein Geist, der dir gesunde Flügel verleiht.

Dein Schutz bleibt bestehen und du bist frei!

Es braucht nicht viel,
sich zu Hause zu fühlen.

Es ist der Platz,
den du dir suchst.

Die Weite birgt Geheimnisse,
die sich dir zeigen,
wenn du das Licht zu deuten weißt.

Die einfachen Schritte führen nach oben,
die sandigen zum Erfolg.

Fokussiere Start und Landung mit Bedacht.

Dazwischen schwebst du durch Erleben,
die Erkenntnis lässt dich gleiten.

Licht und Schatten schenken dir das
Innehalten und Helligkeit zugleich.

Ruhe im Becken der Sicherheit,
bevor du hinausfährst und weißt,
du darfst wiederkommen.

Die Macht des Stolzes lässt
Stillstand überstehen.

Der Wind treibt dich an,
das Segel setzt du!

Verlierst du den Glauben,
dann lehne dich an die Mauer,
die dich stützt.

Wenn du für eine Überzeugung brennst,
lasse das Feuer in dir niemals ausgehen!

Konzentriere dich im Hafen der Stille
auf deine innere Kraft.

Pflege die Äste, an denen du dich festhältst.

Man kennt nicht die Anzahl der Schritte, die man gehen wird. Im ganzen Leben oder in Teilstrecken, die zurück zu legen sind.

Die einen nennen Gebliebenes Spuren, die anderen nennen es Abdrücke.

Aber welches wir auch hinterlassen, beides trägt uns in der Gegenwart und bestimmt die Zukunft, während wir weiter vorwärts gehen.

„Du bist auf dem Holzweg!"

Für diesen Moment, gibt es keinen schöneren.

Das Leben ist wie die Wasserbewegungen
der Ozeane. Es gilt, sie zu nutzen.

Stell dich ans Ufer, lass dich treiben oder
stehe auf dem Meeresgrund und erkunde das,
was dich umgibt.

Tue alles mit Bedacht,
denn die Natur behält die Macht.

Der Grund für Unbeweglichkeit
ist das Verweilen in der Masse.

Wer einmal einen Strandkorb verschoben hat,
weiß, wie anstrengend es ist.

Aber das Wissen vom richtigen Standort,
für den schönsten Blick, auf das,
was man sehen will,
ist Entschädigung und Erfolg zugleich.

Mit Leichtigkeit Balance zu halten heißt,

das Leben zu tanzen.

Die einsame Rast
schärft den Blick auf's Wesentliche.

Der Fang des Erfolges ist abhängig
vom richtigen Zeitpunkt.
Doch nicht nur.

Er ist abhängig von Zeit, mentaler Witterung,
Mut, Kraft und dem Wissen,
dass all das, was vorbereitet ist,
wie ein Magnet dient.

Bereite dich auf den Erfolg vor,
dann wird er erfolgen!

Allein auf Augenhöhe, mit dem Blick auf das,
was ist,
mit dem Gefühl des Wahren.

Es ist da, was man ist.

Stehst du vor Entscheidungen,
die von großer Bedeutung sind,
gehe in dich.

Überstürze nicht.

Gehe jeden Schritt im Geiste durch
und spüre dein Gefühl.

Es will die Entscheidung sein.

Prüfe täglich deinen Spiegel und sieh´,
was dir gefällt.

Sieh´, was dich ausmacht, wer du bist
und was dich hält.

Die Gezeiten.

Gehen lassen und wieder bekommen.

Wenn ein einsamer Weg für dich richtig erscheint, der dich trägt und Zuversicht verspricht, dir Ruhe und Sicherheit verheißt, dann gehe ihn ohne Zweifel.

Wenn Körper und Geist im Einklang sind,
du dich auf dich verlassen kannst,
bringen deine Flüge dich sicher ans Ziel.

Es sind nicht immer die großen Wellen,
die beeindruckend sind.

Es sind die kleinen,
die dir mit jedem ihrer Tropfen zeigen,
wie wertvoll die Wellen deines Lebens sind,
wenn sie in Windstille zur Gelassenheit werden.

Es geht nicht darum,
komplett satt zu sein.

Es geht darum,
keinen Hunger zu haben.

Wer das versteht bleibt beweglich,
auf allen Ebenen seines Lebens.

Schließe die Augen und breite deine Arme aus,
spüre die Energie,
die durch deinen Körper fließt.

Die Energie, die dich antreibt,
führt dich zum Erfolg.

Auch einmal hinterherlaufen zu dürfen,
und doch nicht abgehangen zu sein.

Das ist Vertrauen.

Etwas, das vermeintlich beschwert,
kann durchaus bereichernd sein.

Lass dich auch einmal nach unten sehen.
Dann erkennst du die Schätze
zwischen denen du dich bewegst.

Die Weite deines Geistes beschert dir,
bei was immer du tust,
auch eine Rettungsinsel.

Bewege dich fort,
so, wie es dir gut tut.

Lass´ es länger dauern,
es ist egal.

Die Dauer des langsamen Weges
schenkt dir die meisten Erkenntnisse.

Das Ziel weist dir die Richtung!

Du bist Teil eines tollen Teams,
wenn du dich nach eigenen Wegen
wieder einreihen darfst.

Das Erwachsen aus härtesten Bedingungen
macht dich zum Star deiner selbst.

Sieh´ voller Beachtung für das Erreichte
während eines Höhenflugs hinab
auf den Ursprung.

Dann wirst du deine Erfolge erweitern.

Lass das, was dich treiben lässt,
in Ruhe rasten,
wenn der Wind sich legt.

Man braucht nicht viel Platz
um zu wirken.

Der richtige muss es sein.

Wenn das Leben dich zum Verweilen einlädt,
schlage die Möglichkeit nicht aus.

Sei dankbar für die kleinen Steine,
die dir im Weg stehen.

Über die großen würdest du schimpfen.

Bevor du dich aufmachst,
um Leben neu zu leben,
prüfe, ob du alles mit dir trägst.

Glaube, Liebe, Hoffnung
und
Vertrauen in dich selbst.

Flüchte nicht vor Herausforderungen,
gehe auf sie zu.

Dann werden sie sich lösen
und dir den Erfolg geebnet haben.

Lege in dunklen Zeiten dort an,
wo es für dich am hellsten ist.

Nicht jeder Weg führt dich geradeaus zum Ziel.

Aber wenn Du den Blick seitwärts drehst,
siehst du die Möglichkeiten,
die ein gerader Weg nicht bietet.

Manchmal ist die kleinste Hilfe
der größte Schutz.

Lange Wege sind oft einsam,
dafür voller Erkenntnisse,
die andere nicht gewinnen werden.

Wir bekommen nicht immer das,
was wir uns wünschen.

Oft aber das, was wir brauchen.

Sonst wäre es nicht.

Lebenswellen sind deine Kraftquellen,
aus denen du heute schöpfen kannst,
wenn du an gestern denkst.

Nimm die Schätze, die sich türmen,
auch nach den größten Stürmen.

Große Ziele sind auch mit
kleinsten Möglichkeiten zu erreichen.

Manchmal braucht es nur ein kleines Licht,
das die dunkle Zeit um dich erhellen lässt.

Zieh´ den Kopf nur so weit ein,
sodass du ihn über dem Wasser halten kannst.

Je näher das Ziel,
umso größer wird es.

In seiner Bedeutung, im Erreichten,
durch deine Willenskraft.

Im Nassen stehen oder
im Vollen zu schwimmen.

Du hast die Wahl!

Nun bist du am Ziel!

Durch deinen Willen, deine Präzision und dem Wissen, dass du allen Stürmen trotzen kannst!

Printed in Great Britain
by Amazon

70277909R00050